Marketing local pour petites entreprises

En Capsules

Les secrets du mythique Dan S. Kennedy

INDEX

PRÉFACE

Quelles bêtes se cachent derrière ta porte ?

Ton activité est-elle en train de perdre la bataille contre les boutiques en ligne ? Es-tu aussi confronté à des clients de plus en plus capricieux et volatiles ? Fais-tu constamment face à une augmentation des coûts ? Tu as probablement essayé d'imiter la publicité des grandes entreprises sur divers médias, avec peu de succès.

Les petites entreprises locales sont une espèce à part ; elles ne peuvent pas prospérer en essayant de reproduire ce que font les grandes chaînes.

Les petites entreprises les plus fortes et les plus rentables actuellement s'appuient sur ce que Jeff (mon co-auteur) appelle le "marketing de proximité" (grassroots dans le texte original).

C'est un marketing de rue, créant des connexions directes au quotidien dans sa propre communauté locale. Cela ressemble un peu à l'ancienne manière de faire de la politique : on organise des volontaires, on frappe aux portes, on organise des événements, etc.

Tu pourrais penser que cela n'est plus si important à

l'ère du digital et des réseaux sociaux, mais ce n'est pas du tout le cas. Donc, mon premier conseil pour les petits entrepreneurs est celui-ci : Chaque matin, agis comme si tu étais le candidat maire de ta ville.

Les petites entreprises locales sont facilement victimes de bêtes de toutes sortes, surtout si elles n'ont pas assez de clients fidèles et dévoués.

Même dans ma société de conseil, c'est pareil : 85% de mes clients sont avec moi depuis de nombreuses années.

Au cœur de ma philosophie, un concept que je transmets à tous mes clients, est que, tandis que la plupart des entreprises prennent un client pour faire une vente, nous faisons la première vente pour essayer de garder le client dans le temps. L'objectif à viser est la relation dans le temps, pas la vente en elle-même.

Cela vaut même si tu fais partie d'une chaîne ou d'un franchise, il est important de traiter sa propre succursale comme si c'était une petite entreprise locale, on ne peut pas compter uniquement sur la marque ou sa publicité à niveau national.

Dans ce livre, nous examinerons d'abord ce qui ne va pas avec l'utilisation commune de la publicité et des médias. C'est important pour éviter de tomber dans le piège de faire de la publicité chaque fois que l'on a besoin de nouveaux clients, peut-être en copiant ce que font les grands brand.

Ensuite, nous poserons les bases d'une stratégie spécifique pour les petites entreprises locales.

Ce n'est pas le classique livre écrit par des théoriciens et des académiciens déconnectés de la réalité.

Il fait partie de ma série "Pas de bla bla" (No B.S. dans le texte original) et donc il nous créera sûrement quelques ennemis dans l'industrie de la publicité et peut-être il te donnera aussi des informations difficiles à accepter. Mais, sois sûr qu'il te dira la vérité, dure et pure, sans détours.

Seuls les plus forts survivront, donc ce livre n'expliquera pas seulement comment acquérir des clients, mais t'aidera principalement à renforcer ton entreprise.

CHAPITRE 1

Retour vers le futur

On me pose souvent cette question : "Quelle est la meilleure publicité ?". La réponse est que toute forme de publicité peut être efficace et, de la même manière, toute forme de publicité peut être un gaspillage total d'argent. Cela dépend de nombreux facteurs comme le type d'entreprise, ta position sur le marché, la saison, etc. C'est un peu comme demander à un médecin quelle est la meilleure médecine : cela dépend du type de maladie, des conditions de santé, etc.

Ce que l'on devrait se demander est : "Quel est le meilleur marketing ?". La publicité n'est qu'une partie du marketing, discipline qui inclut les RP, la réponse directe, le sponsoring, le télémarketing, etc. Pour continuer avec l'analogie du médecin, les médicaments sont juste une des armes à disposition ; il y a aussi les opérations chirurgicales, les régimes, l'exercice physique, etc.

Les acheteurs de médias et les publicitaires aiment se prétendre docteurs, mais ils n'ont qu'un seul traitement à offrir à tous, indépendamment de la maladie. À la fin de leur traitement, tu auras juste dépensé de l'argent sans guérir.

La plupart de la publicité est devenue de moins en moins efficace, il semble que les gens soient devenus immunisés. En même temps, les coûts publicitaires augmentent. Tu paies plus pour moins.

VÉRITÉ N.1

La publicité n'est pas la seule réponse au besoin de clients ou de ventes. Elle pourrait même ne pas être la meilleure réponse. La publicité qui échoue le plus est celle qui manque de pertinence personnelle pour les clients potentiels.

Une grande partie de la frustration vient du fait qu'on cherche une solution simple à un problème complexe.

Le branding débridé

Souvent, comme nous l'avons déjà mentionné, on finit par copier les grands brands nationaux et internationaux, se perdant dans des détails qui n'ont aucun impact sur les ventes.

Je crois que cela est dû au fait que ceux qui s'occupent de marketing pensent plus à satisfaire leur ego pour paraître mieux que ce qu'ils sont en réalité.

Il y a quelque temps, j'ai collaboré avec un petit franchise à la création d'une campagne promotionnelle pour augmenter les ventes. La plus grande préoccupation du directeur marketing était le type de police utilisé. Certes, je ne dis pas que ce n'est pas important, mais dans cette situation spécifique, il y avait des problèmes bien plus grands que la police !

L'obsession pour les détails d'image des grandes entreprises n'est pas liée aux ventes, mais à des facteurs comme : les actionnaires, les parties prenantes, les perceptions du marché. Rien de tout cela ne concerne les petites entreprises, qui ont besoin avant tout de vendre pour survivre !

Donc, en essence, l'image compte, mais elle ne peut pas dominer ton approche du marketing. Surtout, elle ne devrait jamais entraver les stratégies de "marketing de proximité" contenues dans ce livre.

La publicité traditionnelle

1. **Journaux.** Les lecteurs des journaux diminuent d'année en année et, ceux qui restent, sont de plus en plus distraits et immunisés contre la publicité. Dans certains cas, pourtant, cela peut encore avoir du sens. La question que tu dois te poser est la suivante: Qui lit ce journal ? Est-ce ton client idéal ?

2. **TV.** Même discours pour les journaux. Moins de gens la regardent, donc demande-toi toujours si cela vaut la peine. Tu ne dois pas y être simplement parce que les autres y sont.

3. **Radio.** Choix compliqué ; il faut choisir la bonne station, au bon moment de la journée, la bonne répétition, la bonne durée et le bon message. Outre ces facteurs, il faut considérer aussi le CPM (Coût par mille). Il s'agit de savoir combien tu paies pour atteindre 1000 personnes de l'audience. Enfin, il y a la

géolocalisation. Beaucoup d'entreprises locales finiraient par atteindre des personnes trop éloignées, à moins qu'il ne s'agisse d'une attraction comme un zoo, un restaurant spécial ou un service à domicile.

4. **Publicité extérieure.** Les panneaux publicitaires, pour fonctionner, nécessitent un message d'une simplicité absolue. Pour cette raison, ils fonctionnent mieux avec des brands nationaux très reconnaissables. Pour tous les autres, souvent le coût est supérieur au gain.

VÉRITÉ N.2

Il n'a aucun sens de faire de la publicité dans les pages jaunes ou divers annuaires. Pourquoi enverrais-tu les clients dans le seul endroit où se trouvent tous tes concurrents ?

Marketing non conventionnel

1. **Internet.** Personne ne peut plus se passer d'utiliser Internet, l'important est de trouver un équilibre entre l'investissement et le retour économique. Un bon site web peut coûter beaucoup à créer et doit être constamment maintenu. La publicité en ligne peut aussi être utile, mais elle est très coûteuse, surtout si on ne sait pas comment l'utiliser ou si on n'a pas de stratégie.

2. **Marketing téléphonique et**

telemarketing. Les activités locales sous-estiment souvent les appels entrants. Tu peux dépenser tout l'argent que tu veux pour publiciser ton numéro de téléphone mais, si quand on t'appelle, une messagerie enregistrée répond ou, pire, personne ne répond, tu fais un effort inutile. Le premier contact est le plus critique et celui auquel on devrait prêter le plus d'attention.

La vente

La vente et le marketing ne vont souvent pas de pair. Un vrai marketeur, cependant, voit la vente comme un autre outil de marketing. Dans une petite activité, il pourrait ne pas y avoir de véritable vendeur, mais quelqu'un remplit de toute façon ce rôle. La vente est l'étape finale de tout le processus de marketing. Parmi les erreurs de ceux qui ne sont pas de vrais vendeurs figure le manque de suivi. Parfois, il arrive que quelqu'un nous contacte pour demander des informations sur un produit ou service, mais puis n'est jamais recontacté. Grave erreur !

Une autre erreur que beaucoup font, y compris de nombreux vendeurs de carrière, est de ne pas écouter ce que dit le client, ses besoins et ses doutes.

Agences publicitaires

Les agences aiment souvent se penser comme un service complet : elles s'occupent à la fois du choix des médias et de la création du message. Le problème avec les agences locales est qu'elles rêvent souvent d'être de grandes agences nationales. C'est un business créatif, certes, mais souvent la créativité se met en travers, empêchant la création d'un message efficace et castrant les ventes.

Outre les agences, il y a les professionnels, chacun spécialisé dans sa matière : vidéastes, compositeurs de jingles, designers graphiques, photographes. Chacun d'eux cherche, évidemment, à te vendre son service, c'est à toi de décider si cela a vraiment du sens pour ton activité.

P.R.

Bien qu'un communiqué de presse et des articles puissent coûter moins cher que la publicité classique, il y a un problème : tu n'as pas un contrôle total sur le message, le journaliste écrira ce qu'il veut.

Si tu réussis à créer une histoire que les journaux veulent partager de leur propre initiative, cela peut aussi coûter zéro, mais ce n'est pas toujours facile à réaliser. L'avantage d'une histoire dans les journaux est qu'elle est plus crédible par rapport à la publicité classique.

Conventions, salons et expositions

C'est une excellente opportunité qui, cependant, se transforme souvent en des événements très ennuyeux. Dans ces cas, il est très important de planifier un déroulement qui prévoit aussi une forme de divertissement, sinon personne n'écoutera attentivement ton message de marketing. De plus, ne sous-estime jamais tous les coûts connexes : billet, équipement en location, personnel en déplacement, électricité, etc.

Gadgets brandés

Casquettes, tasses, stylos et tout ce qui a un logo entrent dans cette catégorie. Certes, ils peuvent aider à se souvenir de ton entreprise mais, s'ils ne font pas partie d'une stratégie plus large, ils sont juste un gaspillage d'argent qui pourrait être utilisé de manière plus utile.

VÉRITÉ N.3

Beaucoup d'argent est gaspillé chaque année par les entreprises locales pour les soi-disant sponsors. À moins que tu ne saches exactement ce que tu fais, tu ne verras jamais un retour sur investissement (ROI). Donc, à moins que ton fils ne soit dans l'équipe de foot, ne jette pas ainsi ton argent.

Quelques considérations

Il y a tellement de confusion et d'ignorance que je conseille de partir de zéro, ou presque. Arrête tout et cherche des alternatives là où tu ne l'as jamais fait.

Mets de côté tous les préjugés, les préférences personnelles, les habitudes et regarde avec de nouveaux yeux ce qui peut vraiment t'apporter de meilleurs clients à un prix plus bas, selon ta situation.

Cela pourrait aussi signifier revenir au marketing des origines, mettant de côté les méthodes plus à la mode et brillantes et se concentrant plus sur la substance que sur la forme.

CHAPITRE 2

Tirer parti d'un problème à ton avantage

De plus en plus de personnes sont attirées par les remises proposées par les grands groupes et les grandes chaînes, réduisant constamment le nombre de tes clients. Pourtant, les petites entreprises ont une arme que aucun grand business ne pourra jamais avoir, même si souvent elles ne l'exploitent pas suffisamment. Je parle de la relation personnelle avec les clients. Si tu penses que cela n'intéresse personne, tu te trompes ; presque tout le monde préfère interagir avec de vraies personnes et surtout, ils veulent connaître les propriétaires/employés d'une entreprise.

En bref, plus ils te connaissent, toi et tes employés, plus ils achèteront chez toi. C'est pour cela que j'aime toujours inclure quelques détails personnels dans les publicités que je crée pour mes clients. Même s'ils semblent superflus, en réalité, ils font toute la différence !

Comme nous l'avions dit dans le premier chapitre, il n'existe pas de type de publicité bon ou mauvais, cela dépend toujours du contexte et de la stratégie.

Par exemple, nous avions dit que les panneaux publicitaires n'offrent souvent pas un bon retour sur investissement à cause de la brièveté du message et du coût élevé de réalisation. Imagine cependant un de ces véhicules brandés garé devant une maison où tu es en train de travailler, dans un quartier résidentiel, juste au moment où tout le monde rentre chez soi. Imagine aussi que tes employés soient bien habillés, avec des uniformes propres et que, en cas de demande d'informations, ils soient aimables et mettent le prospect en contact avec un vendeur au téléphone qui explique toutes les informations sur le service.

Imagine aussi que toutes les maisons du quartier reçoivent, une fois le travail terminé, une série de lettres avec le témoignage de leurs voisins expliquant combien ils ont été satisfaits de tes services. Eh bien, dans ce cas, cela pourrait vraiment valoir la peine !

En conclusion, quel que soit le média que tu décides d'utiliser, fais-le comme s'il était une extension de ta personnalité et comme un pont pour construire des relations. Les grandes entreprises ne peuvent rien faire de tout cela.

VÉRITÉ N.4

Rien ne peut remplacer les relations réelles et personnelles entre l'entreprise et les clients.

CHAPITRE 3

Comment planifier tes investissements marketing

Comment savoir si ton plan marketing fonctionne ? Le premier pas est de définir quel est ton résultat souhaité et de tout tracer. Tu devras aussi être capable de calculer combien tu es prêt à investir pour acquérir chaque client et augmenter le ticket moyen par client.

L'importance du ROI

Le ROI est le retour sur investissement, c'est-à-dire le rapport entre ce que tu as dépensé en marketing et ce que tu as généré en ventes suite à ce marketing. Si l'investissement t'a coûté X et a généré Y en ventes, fais X-Y et tu auras ton ROI.

Combien vaut un nouveau client ?

Peu d'entreprises connaissent cette donnée, pourtant elle est fondamentale pour planifier les investissements et comprendre mieux le fonctionnement de leur entreprise.

Pour le calculer, réponds à ces questions :

1. Quel est le ticket moyen ?

2. Quelle est la fréquence d'achat de tes clients ? (chaque jour, chaque semaine, chaque mois, etc.)

3. Quel pourcentage de nouveaux clients deviennent des habitués ?

4. Quelle est, en moyenne, la durée du cycle de vie d'un nouveau client (la durée de la relation) ? (jours, mois, années ?)

5. Combien de nouveaux clients arrivent grâce au bouche-à-oreille ? Ceux-ci sont généralement les meilleurs clients.

Lorsque tu calcules ton ROI, considère qu'il y a 3 types:

1. **Immédiat.** Les revenus générés directement par une promotion ou campagne bien précise.

2. **À long terme.** Celui-ci prend en compte toutes les ventes générées dans le temps par chaque client (cycle de vie).

3. **Multi-input.** Si ta publicité apparaît chaque mois dans les pages d'un magazine mensuel, remarques-tu une augmentation des ventes mois après mois ? Si c'est le cas, tu bénéficies de la répétition de cette annonce. Il se peut que les 2 premières aient eu un ROI négatif, mais à partir de la troisième, tu commences à voir un gain croissant. Dans ce cas, tu dois

calculer le ROI sur toute la durée annuelle, pas mois par mois.

La valeur d'un client habituel

La fréquence d'achat d'un client habituel dépend du type d'activité, un café aura une fréquence plus élevée par rapport à une animalerie ou un magasin de vêtements. Identifie quelle est la fréquence raisonnable pour un client habituel dans ton activité (plusieurs fois par semaine, par mois ou par an).

Ensuite, multiplie le ticket moyen par cette valeur. Par exemple, si ta fréquence est une fois par semaine et ton ticket moyen est de 10€, en multipliant 10€ par 52, tu auras la valeur d'un nouveau client habituel en un an : 520€.

Objectif d'augmentation de chiffre d'affaires

Supposons que l'année dernière, tu as réalisé un chiffre d'affaires de 1.000.000 € et que cette année, tu veux l'augmenter de 5% (+50.000 € de ventes).

Pour savoir combien de nouveaux clients habituels tu as besoin pour atteindre l'objectif, il suffit de diviser 50.000 € (ventes) par 520 € (valeur client). Le résultat est que tu as besoin de 96,1 clients pour générer 50.000 € de ventes supplémentaires.

Quel est ton taux de conversion?

Maintenant, tu dois comprendre combien, parmi tous les nouveaux clients, deviennent des clients habituels. Normalement, le pourcentage varie entre 12% et 25%, parfois même 50%.

Supposons que ton pourcentage soit de 25% (un quart de tous les nouveaux clients). Tu sais que tu as besoin de 96 nouveaux clients habituels pour atteindre ton objectif. En multipliant 96 x 4, tu auras le nombre total de nouveaux clients que tu dois attirer en un an (384). Divisés par 12, tu sais que chaque mois, tu dois attirer 32 nouveaux clients pour atteindre l'objectif annuel de 5% de chiffre d'affaires en plus.

Et les anciens clients habituels?

Chaque fois que tu fais une promotion ouverte à tous, tu n'attires pas seulement de nouveaux clients, mais aussi ceux qui sont déjà tes clients habituels.

La partie difficile est de comprendre si ces personnes seraient venues de toute façon en payant le prix plein ou si elles sont venues une fois de plus grâce à la promotion. Dans le premier cas, tu y perds, dans le second, tu y gagnes. Cependant, cela pourrait valoir la peine, surtout si tu réussis à acquérir assez de nouveaux clients qui se transforment ensuite en d'autres clients habituels.

Prenons un exemple : tu fais une réduction de 2€. Parmi les 100 personnes qui en profitent, 50 étaient déjà des clients habituels qui seraient venus de toute façon, donc (en pratique) tu as perdu 100€. Les 25 autres étaient des clients habituels qui sont venus une fois de plus grâce à la promotion et ont dépensé 8€ de plus que d'habitude grâce à la promo (au total +200€). Donc, en considérant seulement les 75 clients habituels, de toute façon, tu as gagné 100€.

Ensuite, il y a les 25 nouveaux clients restants. En considérant toujours notre taux de conversion de 25%, ils devraient se transformer en 6,25 nouveaux clients habituels. Sachant que chaque nouveau client habituel vaut 520€ par an, tu sais que de cette seule promotion (en plus des 100 €), à la fin, tu gagneras 3250 € de plus au cours de l'année grâce aux nouveaux clients.

Si c'était la seule promotion que tu fais, pour atteindre 5% de plus de chiffre d'affaires en un an, tu devrais la répéter 14, 15 fois.

VÉRITÉ N.5

La mathématique n'est pas simple, mais calculer correctement les chiffres de ton entreprise est essentiel pour vaincre les grands et augmenter le retour sur chaque Euro investi.

La complexité du ROI multi-input

Ces calculs deviennent plus compliqués quand tu mixes les médias. Il est possible qu'un client t'ait vu d'abord dans le journal, puis ait reçu une recommandation d'un ami et ensuite t'ait suivi sur Instagram. Puis, après un mois, décide de venir chez toi et à ta question "Comment nous as-tu découverts ?" répond Instagram. Sans les autres points de contact, cependant, cela ne serait pas arrivé.

Comment tracer les données

Tracer les résultats de tes efforts de marketing est fondamental pour comprendre ce qui fonctionne et ce qui ne fonctionne pas.

Il y a 4 façons d'augmenter les ventes d'une activité locale:

1. Augmenter les clients ;

2. Augmenter la fréquence d'achat ;

3. Augmenter le ticket moyen ;

4. Convertir les achats actuels en plus de produits ou services avec une marge plus élevée.

Si ton marketing a un impact positif sur au moins l'un de ces points, tu auras un ROI positif. Tu peux tracer ces données de 4 façons :

1. Le nombre de visites en magasin ;

2. Le nombre d'appels téléphoniques ;

3. Le nombre d'emails ou de commandes ;

4. Le nombre de visiteurs du site.

Alors qu'il est facile de tracer les ventes d'un e-commerce ou d'une publicité de réponse directe, parfois cela s'avère plus difficile. Voyons ce que l'on peut faire dans ces cas:

- **Coupon papier.** C'est l'un des moyens les plus simples pour tracer les résultats. Cela coûte peu et le client doit le porter physiquement pour obtenir la réduction. Plus difficile est de déterminer s'il s'agit d'un nouveau client ou d'un habitué. Il faudrait former le personnel à demander s'il s'agit de leur première visite en magasin (et l'enregistrer sur le coupon lui-même, afin de pouvoir les compter à la fin et les soustraire du nombre total de coupons échangés) ;

- **Codes de réduction, numéros de téléphone exclusifs, adresses email ou URL dédiés.** Ils peuvent être utilisés pour des publicités dans les journaux, la radio, les médias sociaux, les panneaux publicitaires et le courrier. De cette manière, tu peux comprendre exactement d'où viennent les clients et quelle annonce performe le mieux.

VÉRITÉ N.6

Si tu ne peux pas le tracer, ne le fais pas. Si tu ne peux pas tracer les résultats de ton marketing, tu ne pourras jamais savoir s'il fonctionne ou non.

Gérer le traçage

Les employés jouent un rôle crucial dans ce processus

car ils doivent poser les questions aux clients et enregistrer les réponses. Pour simplifier leur travail, tu peux faire en sorte qu'ils aient toujours à disposition des sondages à faire remplir aux clients ou à remplir eux-mêmes facilement.

Pour être sûr que les employés effectuent correctement leur travail, tu peux inciter ceux qui produisent le plus de sondages ou envoyer des clients mystères pour vérifier que tout le monde respecte les procédures (peut-être en donnant un petit prix à ceux qui les respectent).

VÉRITÉ N.7

Il y a beaucoup de choses que tu peux faire avec la publicité et le marketing, mais cela ne signifie pas que tu dois faire tout ce qui est considéré comme à la mode ou tout ce que font les grandes entreprises. Tout le monde ne pense pas à ton intérêt, il t'appartient de tracer et d'analyser autant que possible pour comprendre ce qui a du sens dans ta situation spécifique.

CHAPITRE 4

Fais que ton budget publicitaire compte davantage

Les coûts publicitaires augmentent de jour en jour. La publicité coûte de plus en plus cher et est de moins en moins efficace parce que les gens sont désormais immunisés contre les messages publicitaires. Le problème devient encore plus dramatique si nous avons un produit de masse et que nous devons donc atteindre un large public.

Il est certainement plus simple et économique de s'adresser à une niche restreinte de personnes, avec un message hyper-spécifique.

Une possibilité radicale

Essaie de couper ton budget publicitaire de moitié.

Ton objectif maintenant est d'obtenir les mêmes résultats tout en dépensant la moitié du budget, fais travailler tes méninges !

Voici ce que tu peux faire avec la moitié restante : utilise 10% pour mettre en œuvre certaines tactiques contenues dans ce livre pour intégrer avec la publicité actuelle. Utilise le reste comme tu veux : pars en vacances, fais un cadeau à ta femme ou à tes employés. Ne gaspille pas d'argent en publicité inefficace.

Comment augmenter le rendement à la télévision

Essaie de lier ta publicité au contenu d'une émission télévisée.

Imagine réussir à savoir qu'une émission importante d'une chaîne locale de ta zone organise un épisode sur le style personnel avec des conseils sur le maquillage, la coiffure et l'habillement. Si tu possèdes un salon de beauté ou si tu es esthéticien/coiffeur, que tu vends des cosmétiques/vêtements ou des services de soin personnel, tu pourrais placer ta publicité pendant l'émission. De cette façon, tu atteindrais des personnes certainement intéressées par ton produit/service par rapport aux spectateurs d'une émission de cuisine.

Ou encore, tu pourrais promouvoir tes voyages en croisière pendant les pauses publicitaires des rediffusions de Love Boat (avec Titanic, je ne pense pas que ça marcherait!).

Comment augmenter l'efficacité de ton budget

Imagine vendre des climatiseurs et avoir un accord avec la radio pour diffuser ta publicité uniquement lorsque l'humidité dépasse les 50% ou la température les 30 degrés, juste quand les clients en auraient le plus besoin.

Ou imagine promouvoir ton service de lavage de voiture uniquement quand la météo annonce 2-3 jours de soleil consécutifs.

Ou encore, imagine promouvoir un service de livraison à domicile les jours de pluie, quand les gens évitent de sortir sous le déluge.

Avant d'acheter des espaces publicitaires sur n'importe quelle plateforme, tu dois vraiment comprendre qui sont tes clients (démographiquement, géographiquement et psychologiquement). Seulement ainsi pourras-tu identifier le moyen le plus efficace pour les atteindre.

Publicité à la radio

Parfois, il peut arriver qu'il y ait des horaires à la radio où la publicité coûte vraiment peu ou rien.

Après avoir négocié le prix de la publicité pour les meilleurs horaires pour moi, je demande toujours s'il est possible de les diffuser gratuitement aussi aux horaires que personne ne veut, certains acceptent !

Un conseil que je donne toujours à mes clients avec un budget limité est de ne jamais dépenser pour la station radio la plus importante de la ville. La raison est simple, ils sont les plus importants et donc il est plus difficile d'obtenir un bon prix. Souvent, la station n°1 détient au maximum 20% de l'audience totale, ce qui signifie que tu peux potentiellement acheter les 80% restants du marché en utilisant toutes les autres stations et peut-être en dépensant moins.

Le facteur déterminant pour choisir une station est le CPM (Coût par mille) c'est-à-dire le coût pour atteindre 1000 auditeurs de ton audience.

Supposons que ton audience cible soit des femmes âgées de 25 à 54 ans. La radio n°1 en ville pourrait ne pas être la bonne pour ce segment de personnes. Choisis très bien le canal ou tu ne feras que gaspiller de l'argent.

Fréquence. Habituellement, pour qu'un message publicitaire à la radio soit efficace, il est nécessaire qu'il soit entendu au moins 5 fois. Si la station que tu as choisie est trop chère pour avoir cette fréquence, tu dois choisir une plage horaire moins chère ou changer de station. Ne diminue jamais la fréquence.

Quelques exemples créatifs

Une pizzeria au Colorado avait une petite publicité dans les pages jaunes qui fonctionnait très bien. À un certain moment, Domino's est arrivé dans leur zone avec un budget supérieur et des annonces bien plus grandes et visibles.

À ce moment-là, le propriétaire de la pizzeria a créé une campagne qui disait ceci : "Celui qui déchire et nous apporte la publicité de Domino's des pages jaunes reçoit une pizza gratuite! "Après un peu de temps, les annonces de Domino's étaient introuvables dans n'importe quel annuaire des pages jaunes.

Ou écoute cette histoire d'un service de location avec chauffeur appelé "Je ne sais pas". Quand le standard demandait au client: "Quel fournisseur souhaitez-vous ?", la réponse était souvent "Je ne sais pas".

Ce sont des exemples extrêmes, mais ils donnent une idée de ce que signifie réfléchir et chercher des solutions créatives aux problèmes.

CHAPITRE 5

Stratégies de voisinage

Le marketing d'une activité locale doit évidemment se concentrer sur le voisinage et la zone géographique qu'elle peut servir avec ses produits ou services. Les médias de masse ont presque toujours des coûts prohibitifs.

Il peut y avoir de nombreuses tactiques différentes, mais toutes ne fonctionnent pas bien dans chaque situation. Ta tâche est de trouver des idées pour profiter de chaque opportunité de promotion à coût zéro (ou presque) pour générer de nouveaux clients et les rendre récurrents dans le temps. Mais, surtout, tu as besoin d'une capacité d'exécution notable, tu ne peux pas te permettre d'échouer dans l'exécution.

VÉRITÉ N.8

La plupart des plans marketing et des stratégies au niveau local échouent non pas à cause du manque de bonnes idées, mais en raison d'une mauvaise exécution et d'un suivi insuffisant. L'engagement et la persévérance sont plus importants que la créativité.

Mettre en œuvre un plan

Il est très important que la personne (ou les personnes) qui mettent en œuvre le plan soient internes à l'entreprise. L'idéal serait que ce soit le propriétaire ou le manager, pour ces raisons :

- Si tu dois payer quelqu'un pour le faire, cela ne sera pas rentable;

- Pour découvrir toutes les opportunités possibles de publicité gratuite ou à faible coût, tu dois être immergé dans la communauté dans laquelle tu opères. Un externe ne pourra jamais le faire à ta place;

- À mesure que ces programmes se développent, le manager/propriétaire devient de plus en plus connu dans la communauté, et cet aspect est un levier fondamental permettant de renforcer le message publicitaire.

Les erreurs les plus courantes

1. Ne pas donner suffisamment de temps pour développer le plan;

2. Ne pas fournir de formation et de soutien aux personnes en charge de l'implémentation;

3. Se reposer sur des agences externes qui n'ont pas d'expérience avec les stratégies de

marketing local et qui créent donc des complications inutiles et nuisibles;

4. Manque de procédures ou manque d'attention dans l'exécution de ces dernières;

5. S'attendre à des résultats immédiats et irréalistes.

CHAPITRE 6

Tactiques de voisinage

Dans ce chapitre, nous verrons des tactiques qui te fourniront quelques idées. Ton travail est de t'efforcer de les adapter à ton secteur, avec les modifications nécessaires. Clairement, elles ne pourront pas toutes être utilisées dans tous les secteurs, mais plus tu réfléchiras dessus, plus tu apprendras à trouver des solutions créatives.

Poignée de main et carte de visite

Sur une période de 11 semaines, la gérante d'un magasin d'alimentation a distribué 200 cartes de visite à des personnes qu'elle ne reconnaissait pas comme ses clients. Elle en distribuait 10 par jour ; sur chacune, elle écrivait à la main "boisson ou café gratuit" et signait. En remettant les cartes, après s'être présentée de manière adéquate, elle disait : "Si tu viens, je t'offre une boisson". Sur les 200 distribuées, 51 ont accepté l'invitation, soit plus de 25%. Évidemment, lors de la première visite, ils ont également acheté d'autres choses et certains sont revenus plusieurs fois.

Ce type de promotion fonctionne très bien car il crée une relation personnelle entre le client et le propriétaire. Qui n'aimerait pas connaître les personnes avec qui il fait affaire ? Cela nous fait sentir spéciaux.

C'est pourquoi il est important d'utiliser la carte de visite, pas des flyers promotionnels créés spécifiquement. L'écriture manuelle et la signature font toute la différence!

La promotion du péage

Un courtier financier à succès utilisait cette tactique. Il voyageait souvent sur un tronçon de route à péage (1$) et avant de payer au péage, il regardait la voiture derrière lui.

Si c'était une voiture de luxe, il payait également le péage de l'autre automobiliste. Ensuite, il donnait au péagiste sa carte de visite avec écrit : "Si tu penses que c'est une manière intéressante de capter ton attention, imagine ce que je pourrais faire pour ton portefeuille financier". De cette façon, il a obtenu de nombreux clients.

Le tirage des cartes de visite

Si parmi tes clients, il y a beaucoup de professionnels, tu peux envisager de faire un tirage de cartes de visite. Il suffit de créer un coin avec un conteneur transparent et de décider de tirer au sort un ou plusieurs prix. Les informations contenues dans les cartes peuvent être exploitées à des fins commerciales telles que des newsletters, des promotions ou à des fins statistiques. Évidemment, si certains clients veulent participer mais n'ont pas de carte de visite, ils peuvent quand même écrire leur nom, email et adresse sur un morceau de papier.

Après quelques semaines, tire les gagnants et collecte toutes les données. L'idéal serait de prendre une carte de ta zone et de placer une épingle pour chaque client, pour te rendre compte de quelles zones sont plus couvertes et lesquelles moins. Pour éviter la confusion, il serait bon de faire deux promotions différentes : une avec les cartes de visite (ou informations professionnelles) pour identifier les entreprises potentiellement intéressantes et une autre avec les informations personnelles (adresse du domicile). De cette manière, tu peux cartographier scientifiquement toutes les zones de ta ville et décider sur lesquelles intervenir de manière plus incisive.

Ces informations peuvent également être utiles pour décider sur quels journaux/radios/TV locaux investir ou où placer des panneaux publicitaires.

Promotions croisées et partenariats

Il n'est pas toujours facile de trouver le temps de rencontrer d'autres commerçants de la zone pour créer de nouvelles promotions. Voici ce que j'ai fait pour ce client, un garage spécialisé dans le changement rapide d'huile.

Un jour, dans la salle d'attente, j'ai remarqué un

homme bien habillé et nous avons commencé à discuter. J'ai découvert qu'il venait de déménager dans la région et qu'il était un manager de la filiale de John Deere située à environ un mile de là. Il était très satisfait du service, alors je lui ai demandé s'il était intéressé à offrir gratuitement un avantage aux 300 employés de la filiale.

J'ai donc mis en place une carte VIP offrant 10% de réduction sur le changement d'huile à tous les employés pendant une période de 3 mois. Ces cartes VIP incluaient également le logo de John Deere et la seule condition était l'insertion de la promotion dans l'enveloppe de paie, pour être sûr que tout le monde en recevrait une.

Plus tu connais tes clients, plus tu auras d'opportunités pour promouvoir ton entreprise.

Ou prenons le cas de Jason, le manager d'un magasin de bandes dessinées. Lors de la sortie de la suite de Batman, il a décidé de mettre en place une promotion avec le cinéma pendant la période de projection de "Batman Returns". Avec chaque billet vendu était remis un bon de réduction d'un dollar sur un achat de 10 dollars sur tous les gadgets Batman.

Le cinéma a distribué 10.000 coupons, dont 150 ont été utilisés et 50 sont devenus des clients réguliers, dépensant en moyenne 10 dollars par semaine.

Ainsi, pour seulement 100 dollars dépensés, Jason a généré 26.000 dollars de chiffre d'affaires annuel ! Il ne lui reste plus qu'à répéter la promotion avec Catwoman, X-Men, Spiderman, etc.

Les 3 I de la cross-promotion

- **Investissement.** La chose la plus coûteuse dans toute publicité est d'acheter l'espace publicitaire pour atteindre tes clients potentiels. Avec une promotion croisée, en revanche, la diffusion du message est gratuite ; même le coût de production est minimal ;

- **Influence.** La promotion croisée te donne la même précision géographique qu'une campagne de mailing massif parce qu'elle concerne les personnes qui fréquentent une certaine zone. Si tu vois qu'il y a une zone où tu as peu de clients parce qu'il y a un concurrent bien établi, tu peux créer des promotions chirurgicales, ciblées sur des personnes qui se trouvent assez loin (nous verrons pourquoi). Imagine un client qui attend le changement d'huile et dans la salle d'attente voit des flyers disant "Cookie à 99 cents". Il va dans le bar à côté et après avoir payé le cookie, il reçoit un bon de réduction de 2 dollars sur le changement d'huile à présenter à la fin du service. Belle idée, non ? Dommage que les deux activités en question aient cannibalisé les clients déjà fidélisés, ceux qui auraient payé plein tarif de toute façon, érodant le gain sans fidéliser de nouveaux clients. C'est pourquoi il est important de s'adresser à des personnes plus éloignées (au moins un mile) parce qu'elles ne viendraient normalement pas chez toi ;

- **Intégrité.** L'un des plus grands avantages de ces promotions est qu'elles protègent ce qu'on appelle l'« intégrité des prix » parce que la réduction est offerte par le commerçant partenaire, donc c'est comme si la responsabilité était la sienne. Si la réduction est offerte directement par toi aux clients, ils pourraient rapidement s'y habituer et ne plus vouloir payer le prix plein.

Comment mettre en place la promotion

Comment convaincre un commerçant de distribuer gratuitement ta publicité ? Voici un exemple de ce que tu peux dire :

Je m'appelle X de la boutique Y juste à côté. J'ai vu une promotion qui a bien fonctionné et je voulais te la proposer. (Si possible, montrer un exemple de l'autre promotion). Je voudrais te donner l'opportunité d'offrir quelque chose de plus à tes clients, une façon de les remercier de leur fidélité. Qu'en penses-tu?

Souvent, à ce stade, ils te demanderont combien cela coûtera et tu répondras « Rien ! ». Affaire conclue !

Il ne reste plus qu'à savoir combien de clients a le magasin pour savoir combien de billets imprimer et obtenir une copie de leur logo (à imprimer sur le billet).

Sur le billet, il suffit d'écrire quelque chose comme «

Ceci est un merci spécial de (logo du magasin) signé (nom du propriétaire/manager) »

La promotion croisée inversée

Je vais te raconter comment un bijoutier de l'Indiana a réussi à empêcher ses clients de faire le tour des bijouteries pour choisir une bague de fiançailles grâce à un « pack mariage ».

Le manager est allé voir tous ses amis qui avaient affaire à la chaîne du mariage. Il leur a demandé combien il était important pour eux d'avoir accès à des couples sur le point de se marier. Il leur a demandé de faire une offre exclusive pour ses clients. Après avoir rassemblé toutes les offres, il les a mises dans une belle enveloppe semblable à une invitation de mariage et a ainsi créé le pack à offrir aux clients qui achèteraient immédiatement une bague de fiançailles chez lui.

La valeur de ce pack était d'environ 1000 dollars et incluait salon de beauté, location de limousine, agence de voyage, fleuriste, vêtements de cérémonie, photographe, pâtisserie, perte de poids, etc.

Lorsqu'un couple hésitait à cause du prix de l'anneau, il lançait son attaque : «Si tu l'achètes aujourd'hui, tu reçois ce pack d'une valeur de 1000 dollars en cadeau». De cette façon, il a conclu beaucoup plus de ventes à coût zéro!

Comment faire avec les professionnels?

Écoute la stratégie utilisée par une représentante pharmaceutique. Elle savait que la moitié des 400 médecins qu'elle avait comme clients jouaient au golf, mais elle n'avait pas de budget pour acheter des cadeaux à offrir. Elle est donc allée dans un magasin d'accessoires de golf et leur a demandé combien il était important pour eux d'acquérir quelques centaines de médecins golfeurs comme clients. Le manager du magasin savait que chaque médecin lui rapporterait environ 2000 dollars de chiffre d'affaires en 18 mois. La représentante a obtenu 200 coupons pour un paquet de balles de golf Titlist, d'une valeur commerciale de 25 dollars. Le coupon avait une validité de 2 semaines à compter de la livraison en personne au médecin. Ce fut un énorme succès.

Elle a fait la même chose pour gagner les faveurs des secrétaires des médecins en offrant 100 manucures gratuites en partenariat avec un salon de beauté fraîchement ouvert en ville.

Promotions saisonnières

Il y a des activités qui bénéficient plus que d'autres des pics saisonniers : fleuristes, bijouteries, pâtisseries, photographes. Si tu es dans l'une de ces catégories, tu devrais profiter des occasions comme Noël, la Saint-Valentin, Pâques, la fête des mères, etc.

Si tu veux plus d'exposition en début d'année, tu peux faire une promotion croisée avec des entreprises liées aux « bonnes résolutions » comme la perte de poids, les gymnases, etc. À Halloween, tu peux le faire avec un magasin de location de costumes.

Il est important de planifier 3 mois à l'avance pour être sûr d'avoir tout prêt et organisé.

Le circuit des concurrents

La première fois que j'ai utilisé cette promotion, c'était quand je possédais des parts dans une boîte de nuit. Nous savions que beaucoup de nos clients habituels passaient par de nombreux autres clubs dans la même soirée (jusqu'à 20 par soir).

Nous avons donc créé un circuit (boucle) de 6 clubs. Chacun de nous 6 donnait un coupon à la sortie du club valable pour les autres membres du circuit, afin d'éviter la dispersion dans des clubs hors circuit et d'augmenter les ventes des clubs partenaires.

Un autre exemple a été lorsque 2 fast-foods (un national et l'autre régional) ont vu arriver un nouveau concurrent dans leur zone. Ils ont décidé de s'allier pour le contrer, avec ces initiatives :

- Pendant la semaine précédant l'ouverture, les deux restaurants se promouvaient mutuellement avec des flyers ;

- Ils ont tous deux fermé pendant une demi-journée pendant l'inauguration du nouveau concurrent en mettant un panneau à l'extérieur « Nous sommes fermés en l'honneur de notre nouveau voisin. Allez là-bas ! ». Sachant qu'ils n'attendaient pas 100%

des clients de la zone pendant l'open day, ils auraient probablement eu du mal à servir tout le monde à temps.

Le pouvoir des promotions croisées va au-delà de l'économie de l'opération car elles sont bien plus crédibles qu'une publicité dans les médias de masse.

CHAPITRE 7

Quelle est ta vraie activité?

En tant qu'invité à de nombreux séminaires, j'ai rencontré à plusieurs reprises le président Bush "père". La première fois que je l'ai rencontré, nous avons brièvement discuté. Un mois plus tard, je l'ai revu et il m'a demandé comment allaient mes livres et les courses de chevaux, et enfin, il m'a aussi demandé ce que je pensais d'une nouvelle dans le monde de la publicité.

Quand j'ai demandé à sa femme Barbara comment il faisait pour se souvenir de tout cela, elle m'a répondu qu'il:

- entraînait sa mémoire;

- créait des notes sur toutes les personnes qu'il rencontrait, afin de pouvoir rafraîchir sa mémoire avant de les revoir;

- c'était son devoir en tant que politicien;

- on ne peut jamais savoir de qui on aura besoin pour une faveur ou un don.

Alors, maintenant je te pose la question à un million de dollars : quelle est ta vraie activité ?

Beaucoup confondent le service/produit qu'ils offrent (*deliverables*) avec leur business. Si tu as un restaurant, tu pourrais penser être dans le business de la restauration, mais ce serait une erreur. Prends Bush, il savait que gouverner était son *deliverable* mais son vrai business était de créer des relations, de collecter des fonds, d'influencer et tout ce qui concerne l'aspect local et personnel.

Beaucoup de marketeurs "NO B.S." se considèrent d'abord comme des marketeurs dans le secteur du marketing, et ensuite seulement comme des marketeurs de restaurants ou de centres esthétiques, etc.

Non seulement ils utilisent le marketing de manière à créer une relation personnelle au niveau local avec les clients.

Malheureusement, il n'y a pas beaucoup d'entrepreneurs prêts à faire tout le nécessaire pour immuniser leur entreprise contre la destruction des prix en ligne et des grandes chaînes.

Une des clés pour avoir une entreprise immunisée contre tout cela est la construction constante de relations personnelles avec ses propres clients et avec la communauté dans laquelle on opère.

La petite librairie de mon village ne peut pas concurrencer la grande sélection de titres, la facilité d'achat et les réductions d'Amazon. Leur seule immunité est que j'aime y aller, écouter quels livres ils ont choisi de présenter et pourquoi, découvrir des titres que je n'aurais pas cherchés et faire partie de la communauté.

CHAPITRE 8

À l'intérieur des 4 murs

Certaines des meilleures idées de "marketing de proximité" peuvent être réalisées directement au sein de l'entreprise. L'avantage est que tu as un contrôle total sur l'implémentation, sans intermédiaires, et l'investissement en temps est minimal.

Concours des employés

C'est très simple et peut être réalisé plusieurs fois par an.

Tout d'abord, crée un fort rabais, il doit être meilleur qu'un rabais normal. Ce certificat doit contenir en bas la signature de l'employé et la date.

Un de nos clients a reçu 942 visites grâce à cette promotion, dont 250 nouveaux clients. Leur conversion de nouveau client en habitué est de 27%; cela signifie que, parmi ces 250, bien 67 deviendront des clients habituels d'une valeur de 500$ par an.

Ainsi, pour les 12 mois suivant la promotion, notre client a ajouté 33 500$ à son chiffre d'affaires, avec un coût ridicule d'environ 50$.

Le fonctionnement est le suivant : la participation est volontaire et tous les employés peuvent participer. Tu distribues 50 billets chacun et tu les fais signer, en expliquant qu'ils doivent les distribuer dans leur temps libre, de préférence loin du local (pour atteindre le plus de nouveaux clients possible).

Lorsque les clients se présentent sur place, le billet est retiré, chaque semaine on compte qui en a obtenu le plus et le gagnant est désigné, qui recevra un prix de ton choix convenu auparavant (bons de réduction chez d'autres entreprises, jours de congé supplémentaires, etc.).

Parrainage client (références)

Prenons l'exemple d'une salle de sport ou similaire, avec chaque nouveau client ou abonnement, on pourrait donner 3 coupons de parrainage pour une semaine gratuite ou 2 cours gratuits. Le nouveau membre écrit la date et signe sur le coupon à donner à des amis et à la famille. Pour chaque personne qui s'inscrit suite au programme, le parrain reçoit un rabais (un mois gratuit ou un prix en argent). Si le client est assez doué pour les utiliser tous les 3, on peut en donner d'autres (virtuellement à l'infini...).

Comme pour le concours des employés, ici aussi, on peut récompenser, peut-être annuellement, les clients qui ont fait le plus de parrainages, en essayant de les encourager encore plus.

Suggestions de vente

Cela peut être aussi simple que de dire : "Veux-tu aussi des frites ?" ou un peu plus compliqué. Je te donne l'exemple d'un de mes clients restaurateurs : pour encourager le personnel à vendre plus de desserts, il a créé un concours où le meilleur serveur gagnait un dessert à lancer au visage de celui-ci. Cette tactique a été incroyablement réussie parce que les serveurs s'efforçaient vraiment de suggérer le dessert, ce n'était pas une contrainte, au contraire, pour eux, c'était pur divertissement!

Récompense pour le respect des rendez-vous

Combien te coûtent les lapins, ceux qui ne respectent pas les rendez-vous ? Nous avons estimé que pour un dentiste, cela pourrait coûter jusqu'à 30% du chiffre d'affaires. Dans le cas d'un de nos clients, cela représentait environ 130 000$ par an, donc nous avons décidé d'en dépenser 10 000$ pour contrer ce phénomène. Voici ce que nous avons mis en place dans le nouveau programme:

- 6 mois avant de commencer, nous avons commencé à promouvoir le programme auprès des clients ;

- Chaque patient doit toujours avoir 2 rendez-vous consécutifs de contrôle ;

- S'ils annulent, changent la date ou ne se

présentent pas, ils sont disqualifiés ;

- Tous les patients se retrouvent pour une fête de fin d'année ;

- Le patient doit suivre les indications de traitement ;

- Un gagnant d'un grand prix final est tiré au sort pendant la fête.

Dans le cas où un client appelle pour déplacer le rendez-vous, il suffit souvent de lui rappeler qu'il sera disqualifié pour le grand prix final pour le faire changer d'avis (cela arrive dans 2/3 des cas).

Expositions mutuelles

Écoute ça : un magasin d'accessoires de plongée a installé une véritable vitrine à l'intérieur d'une agence de voyages, à côté de l'affiche promouvant des croisières avec des points de plongée panoramique.

En plus des mannequins tous équipés, il y avait la promotion d'une leçon gratuite pour quiconque avait acheté une croisière. De cette façon, le magasin d'accessoires a augmenté son exposition en atteignant un public de clients potentiels qui, autrement, ne l'aurait pas considéré comme une option.

Cette promotion peut être utilisée par de nombreuses activités différentes et peut encore renforcer une cross-promotion déjà rentable, comme celles que nous avons vues précédemment.

Panneaux internes

Si tu as une salle d'attente ou une réception, utilise tout ce que tu peux pour renforcer ton autorité auprès des clients et des curieux. Lettres de remerciement, articles, prix... mets tout bien en vue !

Promotions "poilues"

Un fast-food en Caroline du Nord a créé cette promotion : "Les chiens mangent gratuitement". En pratique, ils collectent tous les restes de nourriture dans les assiettes des clients et les emballent dans des portions pratiques à remettre aux propriétaires de chiens avec la nourriture commandée. La promotion a lieu un jour spécifique de la semaine et fidélise un bon nombre de clients. Coût de la promotion? Zéro.

La pire table du restaurant

Le propriétaire d'un petit café avait une table détestée de tous près de la porte. Il a décidé de la nommer, la pire table du restaurant, en offrant une réduction de 50% sur l'addition à quiconque s'y asseyait pour consommer. Succès instantané de bouche-à-oreille. Certaines soirées, les gens attendaient 45 minutes pour cette table! (Histoire intéressante pour les journaux!)

Blitz de quartier

Une nouvelle banque locale a décidé de tâter le

terrain en envoyant ses managers dans les entreprises du quartier avec un petit cadeau, une tasse avec le logo de la banque. Dans le cas où ils trouvaient le propriétaire de l'entreprise, ils demandaient simplement ce qu'ils aimeraient améliorer dans le service bancaire sur lequel ils s'appuyaient. De cette façon, il était simple de comprendre s'il y avait une opportunité pour eux de s'insérer dans les failles des concurrents.

CHAPITRE 9

La Poste pour vendre

Aujourd'hui encore, la publicité par courrier fonctionne très bien, même les e-commerces les plus célèbres l'utilisent, donc ne prête pas attention à ceux qui disent que cela ne sert à rien.

Avec le courrier, tu peux faire des choses qui seraient impossibles avec d'autres moyens.

Micro ciblage

Prenons la "règle des 5 maisons". Supposons que tu vends des tapis et que tu viens de rénover la maison de Bob et Linda. Les habitants des 5 maisons les plus proches de celle récemment rénovée deviennent des prospects très intéressants parce qu'ils connaissent Bob et Linda, qui peuvent devenir tes référents.

Mais il existe une manière plus efficace d'espérer qu'ils promeuvent ton entreprise pour toi, grâce au courrier. Tu peux écrire une série de 3 lettres de vente qui témoignent de la satisfaction de Bob et Linda pour ton service et offre une réduction à eux en tant que voisins. Le même principe peut être appliqué à des restaurants, des boutiques, des salons de coiffure, des assurances, etc.

En moyenne, un sur cinq répond à l'offre et t' "ouvre" 5 autres maisons voisines et ainsi de suite.

Atteindre les nouveaux voisins

Quand une personne déménage, elle doit généralement tout recommencer à zéro pour trouver un médecin, des restaurants, des supermarchés et des boutiques de confiance.

Si tu réussis d'une manière ou d'une autre à intercepter ces nouveaux voisins, tu pourrais avoir un avantage unique sur la concurrence, surtout si tu opères dans une zone très dynamique du point de vue des locations. Ce que je propose toujours à mes clients est de créer un événement pour les nouveaux voisins, ouvert à tous ou seulement aux nouveaux arrivants. Selon la zone où vous opérez, cela peut être fait tous les mois, tous les 3 ou tous les 6 mois.

C'est une occasion de se connaître avec de la nourriture et des boissons gratuites, des tirages au sort de prix, etc.

Pour être sûr de laisser une impression, tu peux aller directement frapper à la porte des nouveaux voisins et les inviter personnellement.

La pâtisserie d'un de mes clients opère dans une petite communauté et pourtant a une personne chargée exclusivement de la livraison de pâtisseries fraîches aux nouveaux résidents et aux nouveaux commerces de la zone. Elle se présente seulement avec ce cadeau de bienvenue, sans réductions. Le lendemain, ils reçoivent une lettre avec un coupon à expiration et presque tous l'échangent, car ils ont d'abord reçu un cadeau aimable.

Combiner cadeau et coupon dans cet ordre fidélise et génère beaucoup plus de ventes que de faire juste une des deux choses séparément.

Les 2 plus grands avantages du courrier

Tout d'abord, tu peux être là où personne d'autre n'a le courage ou l'envie d'aller. Tu peux te présenter de manière inhabituelle et dramatique en envoyant des objets étranges et amusants. Voici la liste des choses que j'ai envoyées au fil des ans :

- gants de cuisine
- jouets
- poubelles
- aspirines
- loupes
- montres
- chaussures
- marionnettes
- gommes géantes "pour de grandes erreurs"
- biscuits

Certains des thèmes que tu peux utiliser :

- Attention : les informations contenues sont "too hot to handle" (trop chaudes à manipuler) ;

- Il est temps de jeter toutes les vieilles convictions sur...

- Si ton fournisseur actuel de X te donne mal à la tête

- Le temps presse.

Le second avantage est que tu peux avoir l'attention que aucun autre média ne pourra jamais te donner.

Quel que soit ton business, tu peux créer un "paquet choc" à envoyer à ceux qui demandent plus d'informations. Avec un de mes clients dans le secteur de la rénovation, nous avons créé un paquet contenant:

- des informations écrites dans une lettre de vente de 12 pages;

- un DVD avec des images des travaux réalisés pour d'autres clients, avec leurs témoignages;

- un sachet de popcorn et 2 bières à consommer pendant la durée du DVD;

- un guide étape par étape sur la rénovation;

- une garantie de 5 ans signée à la main par le propriétaire.

Considérant que les clients contactent normalement

plusieurs entreprises avant de décider, qui, à ton avis, gagnera leur attention et leur confiance?

Recommandation par courrier

Un jour, j'ai reçu une lettre avec l'adresse écrite à la main par une connaissance. Je l'ai immédiatement ouverte et lue, curieux.

Petite note: ne jamais prendre pour acquis que la lettre que tu envoies sera livrée, ouverte et lue. Fais toujours tout ton possible pour que ces trois choses se produisent.

La lettre commençait ainsi: *Salut, cela fait un moment que nous n'avons pas parlé et cette lettre pourrait te sembler un peu étrange, mais je t'écris à propos de mon plombier.*

En continuant, elle expliquait comment ce plombier avait répondu rapidement à une urgence avant une fête importante, sauvant l'événement. Puis, elle expliquait comment, dans les maisons de plus de 5 ans, ce type de problèmes pouvait survenir à tout moment, créant des désagréments ennuyeux et coûteux. Finalement, elle concluait en suggérant de l'appeler pour une inspection afin de ne jamais avoir à vivre cette mauvaise expérience.

Ce type de recommandation fonctionne très bien si le client satisfait est une personne respectée et ayant une certaine influence sur un groupe de personnes, même petit, car le retour sur investissement est très élevé.

CHAPITRE 10

Investissements numériques

De nos jours, tout le monde est sur Internet, un monde étincelant et en perpétuel changement. Dans ce chapitre, nous verrons comment bien évaluer les dépenses en fonction des besoins, évitant de jeter de l'argent dans un trou noir.

Le site web

Commençons par dire que nous avons tous besoin d'un site. Beaucoup de clients potentiels souhaitent visiter le site avant de décider si tu es le bon choix pour eux. Il est important, cependant, de ne pas se laisser entraîner dans des dépenses folles, en créant des sites plus compliqués que ce dont tu as réellement besoin.

L'important est qu'il soit propre, facile à naviguer, rapide et avec toutes les informations dont les clients peuvent avoir besoin. Tu devrais être capable (toi ou un de tes employés/collaborateurs) d'apporter des modifications ou d'ajouter des informations comme des photos et des horaires sans avoir à demander au technicien, l'autonomie est fondamentale.

Maintenant que tu as un site web, tu dois y attirer du trafic, cela ne se fera pas automatiquement. Tu peux le faire de différentes manières:

- SEO (Search Engine Optimization). Suis les règles de la SEO en te fiant à des experts du secteur et des rédacteurs SEO;

- Google Ads. La publicité de Google;

- PR. Fais appel à des agences de PR qui promeuvent ton site en fonction de tes objectifs (Chapitre 12).

Coupon sur le web

Pense à Groupon ou aux réductions de The Fork ou Booking. Très souvent, ce sont des réductions qui ne permettent pas d'avoir un revenu adéquat, mais tu peux les utiliser intelligemment.

L'objectif devrait être de faire connaître ton business à de nouveaux clients sans dépenser en publicité. À ce moment-là, c'est à toi de faire tout ton possible pour que ces clients reviennent et les fidéliser. Calcule bien combien de réduction tu peux offrir et pour combien de temps.

Si tu as eu un grand retour d'une promotion via Groupon, ne la répète pas avant au moins un autre an, cela n'aurait pas de sens de cibler à nouveau les mêmes personnes qui viennent juste de te découvrir. À moins que ce ne soit une offre pour un service totalement différent.

CHAPITRE 11

Publicité extérieure

La publicité extérieure est probablement une des formes les plus anciennes. Elle peut être très coûteuse, c'est pourquoi nous verrons comment maximiser son effet.

Véhicules brandés

Tu peux faire de la publicité pour ton entreprise avec des moyens originaux, comme l'a fait notre client d'une entreprise de support informatique. Il a acheté une Volkswagen Beetle jaune avec leur logo "Help! Wizards" écrit des deux côtés. Au moins une personne par semaine appelle après avoir vu la Beetle en ville.

Ne sous-estime pas les panneaux magnétiques à placer sur le véhicule à certains moments de l'année ou pour des promotions spécifiques.

Si tu utilises ton véhicule pour faire de la publicité, assure-toi qu'il soit toujours propre et, quand il n'est pas utilisé, garé dans des zones à fort trafic.

Panneaux de jardin

75% des travaux de rénovation sont générés par les panneaux classiques placés dans les jardins des maisons où les travaux sont effectués. Plus que toute autre forme de publicité. Ils coûtent peu, sont réutilisables et créent une confiance incroyable car il y a la preuve que quelqu'un que tu connais (ton voisin) fait confiance à cette entreprise.

Il est évidemment nécessaire de demander la permission au client pour le faire, mais cela peut être un moyen de clore une négociation sur le prix. Étant donné la petite taille de ces panneaux, le message doit être simple et lisible : ce que tu fais et le numéro de téléphone.

Ce type de panneau fonctionne seulement pour les services qui améliorent la maison, pas pour des choses embarrassantes comme les désinsectisations, les décontaminations de matériaux toxiques, etc.

Billboards

Les plus coûteux de tous sont les billboards géants. Le seul moyen de savoir s'ils te sont utiles est d'essayer et de suivre combien de personnes appellent au numéro de téléphone dédié, par exemple.

En général, avant de choisir l'emplacement, il est conseillé de faire un tour en voiture aux alentours de la zone du billboard pour comprendre comment les gens peuvent interagir : distance, temps de lecture, obstacles à la vue, éclairage, etc. Demande si l'agence a des espaces qui coûtent moins ou qu'ils ne parviennent pas à louer et trouve des solutions créatives.

VÉRITÉ N.9

Les billboards sont utiles seulement si les conducteurs peuvent les lire : maximum 6 mots, police lisible et message simple. Si tu ne peux pas le faire, ne gaspille pas ainsi ton argent.

Éléments gonflables et costumes

Si tu as un emplacement assez central, des éléments gonflables ou des "mascottes humaines" peuvent attirer beaucoup d'attention à l'entrée de ton activité. Surtout à certains moments de l'année avec un flux plus important de personnes, comme par exemple pendant les fêtes les plus importantes.

CHAPITRE 12

Relations publiques, informations locales et événements

Obtenir de la publicité grâce aux relations publiques et aux informations locales peut avoir un impact plus important que la publicité classique. Ton histoire devient une partie du divertissement, qui est la vraie raison pour laquelle les gens lisent un magazine, écoutent une émission de radio ou regardent un programme télévisé.

Le plus difficile est de rendre ton histoire suffisamment intéressante pour que les journalistes veuillent la partager de leur propre initiative pour divertir leur audience.

Un autre inconvénient est que tu ne peux pas contrôler ce qui est dit de toi dans l'article, contrairement à ce que tu ferais pour un sponsoring. C'est précisément pour ces raisons qu'elle est si puissante et crédible par rapport à la publicité.

Si tu penses ne pas pouvoir le faire seul, tu dois te fier à une agence de relations publiques qui a de bons contacts au niveau local ou national, selon ton objectif.

La chose la plus importante est de tracer les résultats : ces campagnes peuvent être coûteuses, il est donc essentiel de trouver un moyen de tracer combien de ventes elles génèrent (page de destination dédiée, numéro de téléphone exclusif, etc.).

Comment générer de l'intérêt

Il y a plusieurs façons de générer de la publicité : une grande ouverture, un changement de direction, de nouveaux produits ou services, une collecte de fonds.

Tu peux aussi structurer l'événement de manière à capter l'attention des médias : si tu as été interviewé à la télévision, tu peux utiliser une photo de toi avec le journaliste pour publiciser l'événement ou tu peux inviter des invités importants au niveau local.

Essaie d'établir un contact avec les médias locaux et fournis-leur régulièrement des histoires intéressantes, tu pourrais devenir la référence au niveau local, un expert dans ton domaine.

Vendre pendant les événements

N'importe qui peut vendre pendant les événements de marketing, qu'il s'agisse de séminaires, d'ateliers ou de véritables fêtes pour remercier les clients. Voici quelques conseils pour être sûr de tirer le maximum de ton événement:

- Ne t'attends pas à ce que l'événement se remplisse tout seul, tu dois le publiciser adéquatement;

- Planifie et publicise à l'avance, au niveau local cela prend de 3 à 8 semaines d'avance;

- Incite les gens à réserver leur billet, de manière à prendre leurs données et commencer une séquence d'emails informatifs sur l'événement et qui créent de la curiosité;

- Si tu organises l'événement dans un lieu différent de ton siège/bureau, choisis-en un avec un grand parking, facile à trouver, assez joli mais pas excessivement luxueux;

- Si tu peux créer un événement à thème qui est amusant et inhabituel, fais-le sans crainte. Tu créeras beaucoup plus d'intérêt et de bouche-à-oreille;

- Évite de créer un événement ennuyeux, prévois des pauses tactiques et des moments de divertissement, même s'ils sont brefs.

Je veux te donner un exemple d'événement collaboratif réalisé dans un village commercial pour la sortie du nouveau livre de Harry Potter.

Les commerçants ont créé un événement en soirée où tous restaient ouverts au-delà des heures, boutiques et restaurants, et chacun vendait des gadgets ou des snacks à thème. Les enfants qui se présentaient en costumes thématiques recevaient le livre à prix réduit.

Grâce aux listes de contacts des différents magasins et restaurants, averties à l'avance de l'événement, tous les participants ont bénéficié de la collaboration et de la visibilité mutuelle. Étant donné l'exceptionnalité de l'événement, beaucoup de clients ont invité des amis et des parents à participer et les commerçants ont obtenu de nombreux nouveaux clients.

Le dernier exemple que je veux te donner est celui d'une cafétéria à Tampa, en Floride. Ils ont appelé cet événement "Journée d'appréciation des clients" et offrent 50% de réduction sur tout.

Ils ont prévu du divertissement, de la nourriture et des boissons à volonté et ont organisé le tout de manière à ce que le service soit toujours excellent. Le pouvoir d'une promotion de ce type est qu'elle pousse beaucoup de nouveaux clients à essayer notre activité.

Le prix est tellement bas qu'il est clair qu'il s'agit d'un événement unique et isolé et cela n'affecte pas ce qu'on appelle la "price integrity".

Ce jour-là, les ventes ont triplé et le nombre de clients a quadruplé. Le mois suivant l'événement, les ventes ont augmenté de 13% car la moitié des nouveaux clients sont revenus et ont fait un achat ultérieurement. Atteindre ces résultats avec de la publicité aurait certainement coûté beaucoup plus cher.

Tu peux aussi décider de créer des événements plus petits pour remplir les jours les plus lents de la semaine.

Comme toujours, trouve le moyen de tracer toutes les données de la promotion, pour comprendre ce qui a fonctionné et ce qui n'a pas, en définissant toujours le ROI de la promotion.